NICOLAS LE RUISTRE

Évêque d'Arras

Par M. le Chanoine Proyart

———— ❈ ————

ARRAS

A. Courtin, imprimeur breveté, place du Wetz-d'Amain

1876

NICOLAS LE RUISTRE

Évêque d'Arras

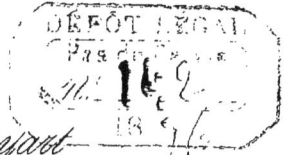

Par M. le Chanoine Proyart

———— ◦◦◦❊◦◦◦ ————

ARRAS

A. Courtin, imprimeur breveté, place du Wetz-d'Amain

—

1876

NICOLAS LE RUISTRE

ÉVÊQUE D'ARRAS

Le clergé de la ville d'Arras commençait à se remettre des terribles émotions que lui avaient fait éprouver les exactions, les proscriptions de Louis XI, puis ensuite l'invasion des troupes allemandes à la fin du xvᵉ siècle, lorsque son vénérable évêque, Pierre de Ranchicourt, victime lui-même de la brutalité de ces étrangers, quitta ce monde pour une vie meilleure, le 26 du mois d'août 1499, après un épiscopat de trente-sept ans.

Il eut pour successeur Nicolas le Ruistre, prévôt de Saint-Pierre de Louvain, chancelier de l'Université de cette ville, l'un des hommes les plus remarquables de cette époque, dans nos contrées du Nord.

Natif du Luxembourg, il appartenait, par son père, à la nation allemande d'une part, et de l'autre part, à la nation espagnole, par sa mère, qui était de Burgos, en Castille (1).

On ne sait rien des premières années de sa vie, ni de ses études profanes et cléricales; mais les éminentes dignités auxquelles il fut promu, jeune encore, les missions difficiles dont il fut chargé, nous donnent le droit de penser, que c'était un homme d'un mérite distingué sous tous les rapports, et que les honneurs singuliers dont il fut comblé, furent moins l'effet de la faveur, qu'un hommage rendu à ses talents et à ses vertus.

Il était déjà membre de la prélature romaine, protonotaire apostolique (2), quand le duc de Bourgogne, Charles-le-Téméraire, le nomma, en 1473, greffier du grand Conseil de Malines, lors de l'établissement de ce Conseil (3).

Bientôt après, sous le règne suivant, la princesse Marie lui donna une grande marque de son estime et de sa confiance, lorsqu'elle le fit entrer dans son Conseil privé, en qualité de secrétaire, fonction qu'il ne cessa de remplir, depuis 1476 jusqu'en 1486 (4).

Ce n'est pas tout : en 1479, Maximilien d'Autriche et la princesse Marie le nommèrent premier secrétaire du Conseil de l'audience et garde des Sceaux. A cette occasion, ils en font le plus bel éloge, en reconnaissance des services qu'il avait rendus à leurs prédécesseurs. Nous extrayons de sa commission le passage suivant : « Maxi-

(1) P. Ignace.

(2) *Sanctæ sedis apostolicæ protonotarius.* — Molan, coll. publiée par ordre du Gouv. belge, p. 130-131.

(3, Butkens, *Trophées du Brabant*, t. III, suppl. p. 205.

(4) Butkens, p. 190.

» milian et Marie . . . advertis et deument informez des
» sens, prudence, discrétion et souffisance de nostre amé
» et féal premier secrétaire, maistre Nicolas de Ruter et
» des longs, feaulx et continuelz services que dès sa
» jonesse, il avait faiz à feus noz très chiers seigneurs,
» ayeul et père (que Dieu absolve) en plusieurs et diver-
» ses manières, et à la très instante prière et requeste
» de nostre très chière Dame et belle-mère la duchesse
» douaigière de Bourgogne, eussions promis et accordé
» au dit maistre Nicolas l'estat et office d'audiencier de
» noz sœulx. » (1)

Tout en se sacrifiant au service de l'État, Nicolas le
Ruistre n'avait garde de méconnaître ce qu'il devait à
l'Église. Les évêques, comme les princes séculiers, firent
appel à son zèle, et ce ne fut jamais en vain. Nommé, en
1485, prévôt de l'importante collégiale de Saint-Bavon,
à Harlem, il se fit un devoir de favoriser tout ce qui pouvait conserver et augmenter dans cette église, la piété du
clergé et des fidèles. C'est ainsi qu'on le vit accueillir
avec un intérêt tout particulier, une confrérie de prêtres,
de vierges et veuves, leur cédant un autel, celui des
saintes Cunéra, Élisabeth, Anne et Ursule, et leur per-
mettant d'y célébrer une messe à chacune des fêtes de
ces glorieuses martyres (2). Cette basilique lui fut toujours chère, comme nous le verrons ailleurs, lors même
qu'il n'en était plus titulaire.

Mais voici que d'autres charges, d'autres fonctions,

(1) *Inventaire des Archives*, par M. Gachart, archiviste général de
Belgique, t. III, p. 344.
(2) Renseignements donnés par M. J.-J. Graef. secrét. de Mgr l'é-
vêque de Harlem.

viennent s'adjoindre à celles qui l'accablent déjà, et qui suffiraient pour absorber l'activité de l'homme le plus fortement organisé.

Il est investi d'une nouvelle prévôté, de la prévôté de Saint-Pierre de Louvain, dont il prend possession par procureur, le 10 juin 1487 (1); puis, l'évêque de Cambrai le nomme archidiacre de Bruxelles, qui, alors, faisait partie de son diocèse, ce qui oblige ce dignitaire à résider à Cambrai. Il habite une maison canoniale reconnaissable, entre toutes les autres, par une statue de l'archange Saint-Michel qui en décorait la façade, et il offre, suivant l'usage, son banquet d'installation, le 24 juin 1490 (2).

Enfin, comme un allégement à ses pénibles et lourdes fonctions, on lui donne un canonicat dans l'église de Dendermonde. Ce sera là vraisemblablement le terme de ses travaux ; la Providence va, sans doute, lui accorder une existence moins chargée : qu'on se détrompe ; il n'y aura jamais de repos pour Nicolas le Ruistre. Prévôt de Louvain, conseiller et maître des requêtes ordinaires, ministre des finances, archidiacre de Bruxelles, il suffit à toutes les exigences de sa position.

Maximilien, satisfait *des bons et agréables services qu'il lui avait faict et faisait personnellement en diverses manières*, donne à ce ministre fidèle des marques souvent réitérées de sa reconnaissance, et ne craint pas de faire encore de nombreux appels à son dévouement et à sa capacité. Il le charge de plusieurs ambassades et de mis-

---

(1) *Documents inédits*, publiés par ordre du Gouvernement belge, p. 130-131.

(2) Comptes de la cathédrale de Cambrai, 24 juin 1490-1491.

sions délicates ; Nicolas le Ruistre les accepte, et s'en acquitte avec succès.

La raison de ses succès dans toutes ces affaires politiques, où il est si facile de s'égarer et de se compromettre, c'était son exacte justice, son incorruptible probité. La droiture et la modération commandées par l'Évangile furent invariablement la règle de sa conduite pendant tout le cours de sa vie publique, comme l'exigeait la sainteté de son caractère et de son état. Cette manière d'agir, du reste, est une preuve ajoutée à tant d'autres, qu'il n'y a qu'une seule politique habile, c'est la politique de l'honnêteté et de la probité.

Le 14 septembre 1497, il part de Bruxelles avec le seigneur de Basselle et se rend *par devers le roy des Romains pour certaines matières et affaires secretz.*

Dans une autre circonstance, muni de lettres closes datées de Trecht-sur-Meuse, il quitte Cambrai pour se rendre à Malines auprès de l'archiduc ; de là, il part pour Louvain où se trouvait le roi ; il l'accompagne de ville en ville, puis il retourne à son domicile habituel, Cambrai. A une autre époque, pendant plus de sept mois, il va, il vient, de Cambrai à Bruxelles, à Louvain, à Berghes-sur-le-Zoom, à Malines, toujours pour le service de l'État.

Une autre fois, à la tête d'une ambassade qui se compose de sept personnes, il voyage par les ordres du prince, depuis le 20 du mois d'août jusqu'au 6 octobre, toujours pour *aucunes matières et affaires secretz.*

Le lendemain il est obligé de repartir avec le seigneur de Thièvres, grand bailly de Hainaut, dans le but de traiter les plus graves affaires en présence du souverain.

Il paraît que ces courses si souvent réitérées n'étaient

pas sans péril, puisqu'il fut obligé, à plusieurs reprises, de se faire accompagner de guides, pour traverser en sûreté les Ardennes et certains pays allemands (1). Mais rien ne pouvait ralentir son zèle, toutes les fois qu'il s'agissait des intérêts du prince et de l'État. Nous croyons devoir entrer dans ce détail, pour faire mieux comprendre qu'elle était la considération dont jouissait le prélat que la divine Providence réservait au diocèse d'Arras.

Nous n'avons rien dit encore de l'intérêt que Nicolas le Ruistre portait à la cause de l'enseignement public; cette source féconde de vices ou de vertus, de gloire ou de ruine; cette question capitale, dont se sont vivement préoccupés, dans tous les temps, les hommes d'État les plus dévoués au bonheur des peuples. On peut dire que les peuples sont tels que l'enseignement les fait. Si l'enseignement est bon, les peuples sont bons; si l'enseignement est mauvais, les peuples sont pervers. Voilà ce que pensaient les docteurs de l'Université de Louvain, qui étaient tous franchement catholiques, au temps de Nicolas le Ruistre; et c'est parce qu'ils connaissaient les principes excellents de ce prélat en matière d'enseignement, qu'ils voulurent l'avoir pour chef.

Nicolas le Ruistre n'était pas seulement un homme habile dans les affaires, un prélat d'une grande vertu; c'était encore un savant, un protecteur des Lettres et des bonnes études. C'est ce qui lui concilia les suffrages des dignitaires de la docte assemblée, et le conduisit à la haute position de chancelier de l'Université de Louvain. C'est dans cette ville, foyer de toutes les sciences, que

(1) Comptes d'ambassades.

ses éminentes qualités brillèrent d'un plus vif éclat et que ses talents furent plus universellement appréciés.

Tels étaient les antécédents de Nicolas le Ruistre, à la mort de Pierre de Ranchicourt A peine ce pieux évêque eut-il remis son âme entre les mains de son créateur, que le Chapitre d'Arras, craignant les graves inconvénients d'une vacance plus ou moins prolongée, s'empressa d'user de son droit et de procéder à l'élection d'un successeur. La Compagnie, canoniquement convoquée, s'étant réunie à la salle capitulaire au jour indiqué (1), nomma évêque d'Arras, par compromis (2), l'un de ses membres, le chanoine Jean Gavet. La nomination fut aussitôt rendue publique, et le nouvel élu mis en possession du siége épiscopal. Sans plus tarder, des députés partirent pour Reims, afin d'obtenir, comme c'était encore la discipline de cette époque, la confirmation du métropolitain. Cependant Jean Gavet s'abstint prudemment de paraître au chœur, en prévision, sans doute, des oppositions qui ne manqueraient pas de se produire (3). En effet, au moment

(1) Répertoire, chap. VI, folio 81.

(2) L'élection se fait par compromis, lorsque le corps des électeurs confère à un ou plusieurs du corps, ou autres, le pouvoir d'élire. Ces commissaires doivent bien se garder d'excéder leur Commission ; ils peuvent être révoqués jusqu'à ce qu'ils aient commencé de procéder à l'élection, *re adhuc integra* ; la révocation d'un seul électeur suffit même, dans ce cas, pour les empêcher de passer outre; s'ils élisent un indigne que les électeurs n'aient pas approuvé, ceux-ci pourront procéder à une autre élection. Les compromissaires sont alors censés avoir excédé leurs pouvoirs par ce mauvais choix. Mais s'ils ont choisi un sujet digne, les électeurs sont obligés de le recevoir, quoiqu'il s'en trouvât de plus dignes. (Durand de Maillane, avocat au Parlement)

(3) *Electus excusatur venire ad chorum.* (Répert. fol. 81)

même de l'élection, on reçut une lettre du souverain du pays, l'archiduc d'Autriche, Philippe de Castille, qui invitait les chanoines à ne rien faire jusqu'à l'arrivée des Commissaires qu'il se proposait de leur envoyer, pour recommander à leurs suffrages un sujet de grand mérite, digne à tous égards d'occuper un siége aussi important que celui d'Arras. Le Chapitre répondit à l'archiduc et lui fit connaître les motifs de sa conduite en d'aussi graves circonstances. En même temps, on vit arriver les commissaires du prince : c'étaient dom Jacques de Kerles, abbé de Saint-Vaast ; le gouverneur d'Arras, selon toute apparence Philippe de Saveuse, fondateur des Clarisses ; le président et conseiller de Flandre, qui venaient prier les chanoines d'ajourner l'élection, et leur proposer Nicolas le Ruistre, prévôt de Saint-Pierre de Louvain: Les mayeur et échevins d'Arras unirent leurs instances à celles des nobles députés en faveur du même candidat. Sur ces entrefaites, une nouvelle candidature venait de se produire. Le Répertoire de la cathédrale fait mention d'un nommé Jean, bâtard de Bourgogne, prévôt d'Aire, de Saint-Omer et de Bruges, qui se recommandait lui-même aux suffrages du Chapitre (1).

Durant le cours de ces pourparlers, l'archiduc Philippe informait le Chapitre de la nomination de l'abbé de Saint-Jean-au-Mont, au diocèse de Thérouane, Antoine d'Albon, préconisé à Rome par Alexandre VI, dans un consistoire tenu en présence de quelques cardinaux, nomination à laquelle il n'était nullement d'avis de donner son agrément. D'un autre côté, le roi de France, Louis XII, qui

(1) Rép., folio 81.

voulait encore exercer un reste d'autorité à Arras, ne s'opposa pas avec moins d'énergie à ce qu'il appelait les prétentions de la Cour romaine. Le Parlement de Paris déclara nulle la nomination d'Antoine d'Albon, par un arrêt qui lui défendait de prendre possession de l'évêché d'Arras et d'en percevoir les fruits. Malgré cette opposition, le Chapitre prit la résolution de maintenir l'élection qu'il avait faite, et il ne s'en désista qu'après la renonciation de Jean Gavet, d'une part, et celle d'Antoine d'Albon, d'autre part, en faveur de Nicolas le Ruistre. L'un et l'autre donnèrent fort heureusement leur démission.

Les chanoines accueillirent d'autant plus aisément la démission de Jean Gavet, qu'ils savaient que sa détermination était tout-à-fait volontaire, et que le Souverain Pontife, à la prière de l'archiduc d'Autriche, avait promu à l'évêché d'Arras Nicolas le Ruistre. Ils en avaient la garantie authentique dans une bulle du 16 janvier 1501, où il est fait mention de la cession des deux compétiteurs. Nicolas le Ruistre fut donc définitivement nommé évêque d'Arras.

Il reçut la consécration épiscopale le 7 du mois d'août 1502, à Saint-Pierre de Louvain (1). Le lendemain de cette cérémonie, il célébra la sainte messe dans l'église des Chartreux. C'est une dernière marque de bienveillance qu'il voulut donner à ces pieux serviteurs de Dieu, à ces anges de la terre, dont il laissait le monastère dans

---

(1) *An. 1502 7 Aug. Lovanii ad S. Petrum consecratus est episcopus et sequenti die missam primam post consecrationem apud nos celebravit* (Chron. Carthusiæ).

un parfait état de prospérité, grâce à ses largesses et à ses innombrables bienfaits. (1)

A dater de ce jour, le pontife eut hâte de se rendre au poste où Dieu l'appelait. Il y parut sous les plus heureux auspices, investi de toute la confiance du souverain du pays, chose toujours désirable, et ce qui est une garantie de succès. Il entre, en effet, dans les desseins de la divine Providence, qu'il y ait entente entre la puissance spirituelle et la puissance temporelle, pour le plus grand bien de la société. Ces deux puissances ayant été établies de Dieu pour gouverner le monde, elles doivent se prêter un mutuel appui, sans quoi, tout marche à la dérive. Lorsque la bonne harmonie fait défaut, il y a malaise ; le bien ne se fait pas, ou ne s'accomplit qu'avec difficulté.

Le clergé d'Arras et les fidèles accueillirent avec bonheur l'envoyé de Dieu, Nicolas le Ruistre. Le Chapitre le reçut comme un ange tutélaire, avec une satisfaction d'autant plus complète qu'il avait vu avec inquiétude se prolonger indéfiniment la vacance du siége, au grand préjudice des âmes et de la discipline. Plus de quinze mois, en effet, s'étaient écoulés depuis la mort de Pierre de Ranchicourt ; et c'est sous l'impression d'un pénible malaise, qu'il s'empressa, pour en voir la fin, de mettre en possession le nouveau titulaire. Pendant la vacance, époque regrettable à tous les points de vue pour un dio-cèse, l'Église d'Arras eut à soutenir diverses luttes avec les officiers royaux qui, profitant de la circonstance, s'é-taient attribué des pouvoirs qui, depuis toujours, appartenaient à l'évêque.

(1) *Cartusianis Lovaniensibus benè fecit* (Gallia Christiana).

A peine avait-on célébré les funérailles de Pierre de
Ranchicourt, que le capitaine de la Cité s'était emparé
de la garde et des clefs de cette partie de la ville. Le
Chapitre ne pouvait souffrir cette usurpation. Il protesta
énergiquement, au nom des droits temporels de l'évêché,
dont il se disait régulièrement investi à dater du décès
de l'évêque, jusqu'au jour de l'installation de son successeur. Il n'était que trop fondé dans ses réclamations. Le
capitaine dut rendre les clefs, et il les remit effectivement
aux vicaires-capitulaires. Nicolas le Ruistre, à son arrivée,
n'eut qu'à remercier ses vénérables frères, les chanoines,
de lui avoir épargné l'ennui et les difficultés d'un conflit
désagréable, qui aurait pu, à son début, entraver son administration. Il trouva donc la voie très heureusement
préparée, et il eut le grand avantage de prendre en main
sans embarras, les rênes de son gouvernement. Sous sa
direction forte et pieuse, le bien qui s'était opéré durant
le long épiscopat de son prédécesseur ne fit que s'affermir
et s'étendre, et il répara, autant qu'il fut en lui, les dé-
sastres des dernières années du siècle précédent.

L'évêque, dans son diocèse, est le père du pauvre, le
protecteur de l'orphelin, le défenseur de la veuve, l'œil
de l'aveugle, le pied du boiteux, le consolateur des affli-
gés : tel est son rôle, tel est son devoir, telle est sa
gloire. Nicolas le Ruistre, dès la première année de son
épiscopat, eut à remplir, dans la ville d'Arras et dans
les environs, ce pénible mais sublime ministère. Était-ce
une conséquence des effroyables tragédies dont Arras fut
le théâtre à la fin du xve siècle, tragédies dont toute la
population eut cruellement à souffrir, surtout dans les
classes supérieures? L'histoire n'en dit pas la cause, mais

chose singulière, des morts subites affligèrent un nombre considérable de familles. Jamais de mémoire d'homme, un pareil deuil n'avait accablé le pays (1). Arrive le nouvel évêque au milieu d'un peuple encore plongé dans la plus profonde désolation. Il n'eut rien tant à cœur que de faire entendre, partout où cela était nécessaire, la voix de la religion, qui, seule, a le secret de nous consoler efficacement, à l'heure de ces cruelles et pénibles épreuves.

C'est donc avec l'auréole de la charité que Nicolas le Ruistre apparut au milieu de nos ancêtres; et c'est ce qui le fit bénir chez les grands et chez les petits. En le voyant, tous se plaisaient à dire: « Voilà le bon pasteur ». Mais on ne tarda pas à s'apercevoir que cet apôtre de la charité agissait encore sous l'influence de deux autres passions dominantes: la passion de la piété et la passion de la science.

L'une de ses premières préoccupations, fut d'instituer dans sa cathédrale, pour l'enseignement des sciences ecclésiastiques, un théologal, et de lui attribuer l'une des quarante prébendes dont se composait la dotation du Chapitre (1502). Maître Florentin de Camba fut le premier chargé de cette mission, qui n'a plus aujourd'hui l'importance qu'elle avait alors. Sous l'impulsion de l'évêque, le nouveau théologal se mit à l'œuvre; le Chapitre lui prêta, de son côté, le concours le plus bienveillant; et sans aucun retard, il fut convenu du jour, de l'heure, du local,

---

(1) En la même année, on mourait fort de mort subite à Arras. *Atrebati et circum jacentibus locis, innumeri morte præcipti extinguntur* (Manus et Locrius, ad an. p. 570).

où se feraient les lectures, c'est-à-dire le cours de théologie (1).

Là ne se borna pas le zèle de Nicolas le Ruistre pour la cause de l'enseignement public. Nous verrons ailleurs avec quelle générosité ce prélat fonda, à l'Université de Louvain, un collége qu'il intitula : *le collége d'Arras.*

Nous avons vu, à Harlem, avec quelle sollicitude le prévôt de Saint-Bavon accueillait tout ce qui pouvait contribuer au développement de la piété dans sa collégiale. Nous allons voir avec quelle ferveur l'évêque d'Arras mettait en usage les moyens les plus propres à faire fleurir dans sa ville épiscopale cette vertu, que l'apôtre saint Paul dit être utile à tous, non-seulement dans l'intérêt de la vie future, mais encore dans celui de la vie présente.

Son zèle pour l'honneur du plus auguste de nos mystères, le porta à instituer la procession qui se faisait, chaque jour de l'octave du Saint-Sacrement, à la fin de l'office, dans la nef de notre ancienne cathédrale ; c'est lui encore qui fonda la messe journalière qu'un chanoine devait célébrer au petit autel du chœur après l'évangile de la grand'messe ; lui, enfin, qui ordonna de chanter à l'élévation l'*O salutaris hostia* en musique, avec deux flambeaux allumés jusqu'à la communion.

Après le culte du très Saint-Sacrement, le saint évêque mettait en première ligne celui de la Reine du Ciel, et c'est pour satisfaire sa tendre piété envers Marie et les bienheureux apôtres Pierre et Paul, qu'il fit brûler un cierge, posé dans un plat d'argent, devant leurs images, placées par ses soins et à ses frais à l'une des colonnes du chœur.

(1) Rép., folio 182.

Le pieux pontife ne pouvait pas laisser dans l'oubli son illustre patron, cet ardent défenseur de la consubstantialité du Verbe au concile de Nicée, saint Nicolas. Il en fit célébrer l'office solennel le jour de sa fête, et il en donna une image d'argent du poids de trente cinq marcs, enrichie de pierreries, avec plusieurs autres joyaux d'un grand prix, tels qu'une mitre et un bâton pastoral, une couronne, un calice, un bassin avec burettes et autres vaisseaux en vermeil, des chapes de drap d'or et autres ornements d'une grande valeur (1).

Malgré les soins incessants qu'il donnait à sa cathédrale, l'évêque d'Arras n'oubliait pas la collégiale de St-Bavon, qui avait été autrefois l'objet de sa sollicitude. Cette église lui était toujours chère; on le savait à Harlem, car toutes les fois que les bourguemestre et marguilliers rencontraient quelque embarras dans leur administration fabricienne, ils ne manquaient pas de recourir aux lumières de leur ancien prévôt, pour obtenir de sa part, une prudente direction. Nicolas le Ruistre ne leur faisait pas défaut, comme nous l'apprennent les registres de cette basilique; on y voit, en effet, que par ses conseils, deux marguilliers et le bourguemestre se sont rendus à Bruges en 1507, pour consulter maître Guillaume Heyda, sur une affaire qui leur donnait beaucoup de soucis.

Disons, à cette occasion, qu'on vient de découvrir dans l'église de Saint-Bavon, sur l'une des stalles du chœur, les armoiries de ce pontife, qui étaient cachées sous une couche épaisse de couleur. Les protestants se sont emparés de cette collégiale en 1578 et ils l'occupent encore.

(1) *Sacrarium pretiosâ supellectili dotavit.* (Gallia Christ.)

Ce sont eux qui, à cette époque de fanatisme, ont fait disparaître cet intéressant souvenir comme tant d'autres de ce genre, que les amis de l'antiquité et les hommes d'étude sont aujourd'hui très heureux de remettre en lumière, ainsi que nous l'écrit M. l'abbé J.-J. Graef, secrétaire de Mgr l'évêque de Harlem.

A la veille de quitter ce monde, l'ancien chancelier de l'Université de Louvain voulut laisser dans cette ville savante, un monument durable de l'intérêt qu'il portait à la jeunesse studieuse de son pays natal, et des villes qu'il avait habitées. Sa ville épiscopale, on va le voir, eut dans sa pensée une place d'honneur et de prédilection : je veux parler de ce beau collége qu'il fit bâtir à Louvain, près de l'Université, sous la dénomination de *collége d'Arras.*

Il y établit seize bourses à la jouissance desquelles étaient appelés : 1° trois jeunes gens de la ville d'Arras (*ex oppido*) et de préférence les écoliers de la maîtrise de sa cathédrale ; 2° trois de Cambrai ; 3° trois de Harlem ; 4° deux de Louvain ; 5° quatre de Luxembourg ; 6° un de Bricht. Tous devaient être de médiocre fortune et se destiner à l'état ecclésiastique. La matière de leurs études était les arts, la philosophie, la théologie et le droit canon, dont ils allaient prendre des leçons au collége du Porc.

Le règlement de la maison était assez sévère, et de nature à sauvegarder les bonnes mœurs. Un président veillait au maintien de la discipline, et suivait les élèves dans leurs études et l'accomplissement de leurs exercices de piété, qui consistaient à réciter chaque jour, en commun, et à certaines heures, dans la chapelle du collége, le petit office de la Sainte Vierge. Ils le chantaient les dimanches et jours de fêtes. Ils portaient l'habit long *(togâ talari utuntur)*; du moins, ce n'est que sous ce costume qu'il leur était permis de paraître en public, de manière à ce qu'ils fussent toujours et partout reconnaissables. Ils ne sortaient jamais seuls, ils devaient toujours être accompagnés (1).

Tel était le collége d'Arras, à Louvain, fondés et plendidement doté par Nicolas le Ruistre (2).

Cette belle fondation subsiste encore en partie. Qu'on nous permette, à ce sujet, d'entrer dans quelques détails qui ne sont pas dénués d'intérêt.

Les bâtiments du collége, vendu révolutionnairement, servent aujourd'hui à d'autres usages ; mais ses revenus ne sont pas entièrement éteints. Un arrêté royal du 22 mars 1822 en a rétabli les bourses ; un arrêté ministériel du 11 décembre 1847 a modifié certaines dispositions de l'arrêté précité (3). « Le revenu total actuel de la fondation » peut s'élever à la somme d'environ trois mille francs. » Par suite de la vente du bien-fonds et par le rembour- » sement d'un grand nombre de rentes à la caisse d'amor- » tissement de France, le revenu des fondations de ce » collége a été excessivement diminué ; de sorte que des » trois bourses destinées aux natifs d'Arras, il n'en existe » plus aujourd'hui que deux, chacune de 416 francs » 17 centimes » (4).

(1) Nicol. Vernulœi. Academ. Lov. l. III, p. 216-217.

(2) *Fundator magnificus...... Lovanii collegium erexit dictum Atrebatense proventibus que dotavit.*

(3) Renseignements donnés par une lettre du 5 juillet 1861.

(4) Extrait d'une lettre de Louvain en date du 30 juillet 1861.

Ce sont MM. les curés-doyens de Saint-Pierre et de Notre-Dame de Louvain qui sont, aujourd'hui, proviseur et collateur; et d'après l'acte primitif de la création de ce collége, c'est au Chapitre d'Arras qu'appartient le droit de présentation. Un administrateur nommé par le Gouvernement belge est chargé de la gestion de cette fondation. C'était, dès 1839, M. C.-J. Staës qui remplissait cette fonction. Chaque année, il prenait la peine d'envoyer à Arras un avis imprimé, portant annonce de bourses vacantes au collége d'Arras à Louvain, au profit des jeunes gens de notre cité.

Cette annonce, qui leur était communiquée par les journaux, est longtemps restée sans résultat. Cependant, rien de plus facile que d'obtenir une de ces bourses. Il suffit au candidat de prouver qu'il est natif d'Arras (*ex oppido*) ou du moins, qu'il habite la ville d'Arras. Les étudiants qui voudraient profiter de ces bourses, auxquelles ils ont incontestablement droit, trouveraient facilement à se loger et à de très bonnes conditions, dit M. Staës, chez les bourgeois ou dans les pédagogies, mais mieux encore, faut-il ajouter, au collége du Saint-Esprit.

Par suite d'une visite que l'auteur de cette notice a faite aux bureaux de l'Université de Louvain; par suite encore d'une correspondance suivie au sujet de ces bourses, on est arrivé à s'entendre et à obtenir qu'un élève du grand Séminaire d'Arras, un Atrébate, pût jouir d'une de ces bourses, avec autorisation spéciale de poursuivre ses études théologiques dans cet établissement.

C'est par la création du collége d'Arras à Louvain, que Nicolas le Ruistre a terminé sa noble et sainte carrière; et c'est à peine s'il a pu apprécier, par lui-même, les

avantages de son œuvre. Il en a jeté les premiers fonde-
ments au commencement de 1509, et il est mort à la fin
de cette même année (1).

Après s'être acquitté durant l'espace de neuf ans, avec
une prudence à toute épreuve et un zèle qui ne se dé-
mentit jamais, des devoirs de sa charge pastorale ; après
avoir rendu les plus grands services à l'Etat et à l'Eglise,
Nicolas le Ruistre dit adieu à toute créature. Comme il se
trouvait à Malines, il y fut saisi d'une maladie qui le mit
de suite en danger ; et c'est dans cette ville qu'il rendit
son âme à Dieu, le 5 novembre 1509. Sa dépouille mor-
telle fut transportée à Saint-Pierre de Louvain, comme il
l'avait demandé par son testament. Elle repose au milieu
du chœur de cette basilique, sous une table de marbre
sur laquelle on a gravé cette inscription :

☩

Hoc saxo tegitur pientissimus pater
Nicolaus Ruistre de Luxemburgo, episcopus Atrebatensis,
Domûs Burgondiæ consilarius et servitor fidelis,
Insignis Hujus Ecclesiæ præpositus et Universitatis cancellarius
Collegii Atrebatensis in hoc oppido fundator magnificus,
qui obiit Mecliniæ anno Domini M.D.IX
Mensis Novembris V.

* * *

Requiescat in pace.

Ses armoiries étaient : *d'azur à trois feuilles d'or.*

(1) *Cœpit anno M. D. IX qui et ipse fundator obiit.*

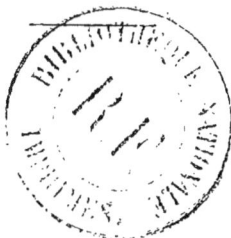